你的思想決定業力

As A Man Thinketh

業力

—— 暢銷紀念版 ——

詹姆斯・艾倫（James Allen）／著
蕭寶森／譯

James Allen **04**

你的思想決定業力

暢銷紀念版

原書書名　As A Man Thinketh
作　　者　詹姆斯・艾倫（James Allen）
譯　　者　蕭寶森
封面設計　林淑慧
特約美編　李緹瀅
特約編輯　胡琡珮
主　　編　高煜婷
總 編 輯　林許文二

出　　版　柿子文化事業有限公司
地　　址　11677臺北市羅斯福路五段158號2樓
業務專線　（02）89314903#15
讀者專線　（02）89314903#9
傳　　真　（02）29319207
郵撥帳號　19822651柿子文化事業有限公司
投稿信箱　editor@persimmonbooks.com.tw
服務信箱　service@persimmonbooks.com.tw

業務行政　鄭淑娟、陳顯中

初版一刷　2019年12月
二版一刷　2024年07月
定　　價　新臺幣360元
I S B N　978-626-7408-44-5

柿子文化網　https://persimmonbooks.com.tw
～柿子在秋天火紅 文化在書中成熟～

國家圖書館出版品預行編目(CIP)資料

你的思想決定業力（暢銷紀念版）／詹姆斯・艾倫（James Allen）著；蕭寶森譯. -- 二版. -- 臺北市：柿子文化事業有限公司, 2024.07
面；　公分. --（James Allen；04）
譯自：As a man thinketh

ISBN 978-626-7408-44-5（平裝）

1.CST:靈修　2.CST:思考
192.1　　113007504

柿子官網
60秒看新世界

思想的偉大力量

詹姆斯．艾倫認為，要打造有美麗花草綻放於庭園的內心，必須細察自己內心的狀況，並好好打理……懷抱美麗心腸活下去的人，不只擁有令人讚歎的良心、品格，也會因為其良心、品格而吸引許多美好的遭遇，工作順遂，公司繁榮，家庭豐足和平，社會環境美好（摘自《活きる力》）。

——稻盛和夫，日本經營之聖

生命的解籤書

——宇色，「我在人間」系列暨塔羅牌作者

在走靈修以前，我以為一個有成就的人總是有著三頭六臂般的才能，他們能夠以最快、最有效率的辦事能力來應付工作、生活上的一切。在走靈修與學習靜心後，我對這樣的想法徹底改觀了，真正有能力的人，並不是有辦法處理所有事情的人，就如同本書裡的這麼一句話——「一個人的心靈愈是平靜，成就愈大，影響力愈強，因而也愈有能力行善。」

從靈修角度來說，真正有能力之人是帶著一顆寧靜的心與優雅的態度來面對生命的一切挑戰，這必須真正走入生命、得到體驗才能做到，就如同本書中的這句話：「一個人的心靈愈是平靜，成就愈大，影響力愈強，因而也愈有能力行善。」

自從十多年前初次與南傳佛教雨安居相遇，陸續又接觸了葛印卡老師的內觀課程、印度希瓦南達瑜伽，這麼多年過去了，我已經將靜心視為我靈修、瑜伽與每日定課的一部分。靜心有一個非常神奇的力量，它無法讓你得到什麼，它只是讓你的心得以騰出一個空間，讓原本就屬於你的事物進來，就是如此。

本書在向你說明一件事：靜心才能夠讓你的世界走得更大，它在協助你從一團亂的生活中抽離——抽離不是轉身離開，是讓你的思維從原本的慣性中跳脫出來，不再被世俗的價值觀所綁架。

你無法快速地翻閱本書，每句話都會讓你停駐其中，反思過往的生活。我將這本書當成「生命解籤書」，每次結束一早的定課後，便會隨意去翻開某一頁，不預期的一句話總是能夠相應我的心境。誠心將我私人的靈修自修法送給手上有這麼一本書的你！

正確意念能產生龐大力量

——林金郎，《神明寶島》作者

佛教講「十界唯心」、「萬法唯識」，認為世界的根源就是一個大統合、沒有分別的心，也可稱為意識（阿賴耶識）。到了形下的有為法，雖然我們必須受限於物理的法則，心靈的力量並無法改變分子結構、移山倒海，但心靈、意識的力量依然非常龐大。舉例來說，當我們的思維、行為是善的，就可以擁有一條坦蕩光明的人生路途；若我們的心理是活潑樂觀的，在心理影響生理的定律下，體況將可因而得到改善，讓我們擁有一個健康快樂的人生；如果我們的意念是正的，我們也會吸引到正能量的人事物。除此之外，還有所謂的「處理問題必先處理情緒」、「八十%的問題癥結不是事而是人」、「念轉，就會看到新的路」……，這些無非都是在告訴我們——心念的重要性。

那麼，要如何建立一個正確的意念，進而產生龐大的力量？重新整理並建立我們的思維模式——所以，本書值得您參考。

——涂政源，《52個覺醒的練習》作者

與思想巨人為友

在人類歷史的長河中，有無數的思想巨人誕生。他們活出的智慧，是為了指引迷失和困惑的人們，是為了撫平和療癒受傷的心靈。哲人大聲呼喚人們：不要只是活著，要綻放精彩活出美好；不要只是身體變老，要活出愛和智慧洞見；不要停止學習，要去認識自己、瞭解人性；不要悶悶不樂一天過一天，要歡欣鼓舞樂活在每個當下時光。

聰明人就是要與巨人為友為師，在我的書架上，我的巨人朋友們比我現實生活中的朋友不知多了多少倍？我感謝他們壯大了我的生命，給予我如此珍貴的成長養分，他們是我人生最強大的後盾。今天，我的書架上又多了一位巨人朋友，那就是英國哲學思想家詹姆斯．艾倫的這本書，在此向你推薦，巨人就是要與巨人為友。

——黃明鎮，更生團契總幹事

更新思維，創造神蹟

本書有很多智慧的言語，第二十七頁第一句「他的心如何思量，他的為人就如何」就引用了以色列的智慧君王——所羅門的箴言。三十五頁裡也有一句我很熟悉的話：「凡尋找的就尋見，叩門的就為他開門。」這句話帶著能力，可以創造神蹟。人只要有心，上帝會多加給他，叫他有餘，也會助他一臂之力，成全他的美意。

有一次，我帶一批悔改的更生人到監獄去彈吉他、唱歌、講生命改變的見證。典獄長聽完後很感動，也說了幾句話：「這些同學很難得，但他們感謝這個、感謝那個，就忘記感謝『一個人』！」

臺下的人以為典獄長是指忘了感謝他，心想：「有啊！剛剛說過了！」

賣個關子後，典獄長接著說：「他們忘記感謝『自己』！」

典獄長說的，其實跟本書的主題一樣——「成之於己，敗之於己。」你若不想改變，誰奈你何？

《聖經》裡有個「浪子回頭」的精彩故事，那個浪子看到自己的問題，於是下定決心：「不再餵豬，我要回家！」要回家，就是他思維的轉變，沒有那個轉變，就沒有「浪子回頭金不換」的美好結局。

現在的問題是，人類因有墮落的天性，難免選擇錯誤。所以，以色列的民族英雄摩西活到一百二十歲要離世時，就用這句話，善勸百性：「我今日呼天喚地向你作見證，我將生死、禍福陳明在你面前，你要揀選生命。」

摩西知道人的思維會有問題，所以替他們先做了正確的抉擇。

最近，有四位二十歲左右的年輕人——他們過去打架、吸毒、偷竊，關過幾趟，法官判他們來更生團契接受輔導——學會正確思考，做正確選擇，生命改變了，有的要去讀大學了。

我帶他們去少年觀護所向所長、科長答謝，所長鼓勵有加，也說了一句與本書「懷抱理想並付出行動」一樣有智慧的話：

「你們的未來，就掌握在你們自己的手中。」

——趙詠華，知名藝人

這本小書並不小

從小，我其實是有閱讀障礙的，常常一本書始終停留在第一頁，直到這十年，接觸了心靈領域的書，還有佛經，終於找到自己文字迷宮的鑰匙。

這是一本百年前出版的書，其中的思維至今都不過時，仍能持續鼓舞人心，最重要的是，這是一本容易閱讀的書。

萬物唯心造，這本小書並不小，讓我們一起澄靜心靈，勇敢夢想，努力行善，創造自己的實相。

思維創造你的人格也決定你的命運

——鄭匡宇，激勵達人

「你的思維創造你的人格，也決定了你的命運！」我回頭看自己過去所遭遇的一切，與這樣的說法不謀而合。

學生時代一心想著出國留學，即使家裡經濟狀況不允許，卻依然順利考上公費留美，最後拿到博士歸國；非常想要到國外工作生活，同時精進自己的外國語能力，就真的申請到韓國弘益大學教授中文的工作，一待，便是七年，不只學會了韓語，也真的實現了成為國際工作人的夢想；夢想透過寫作成為擁有影響力的人，雖然過程中遭遇許多出版社的忽視與拒絕，最後依然順利出書，而且至今累積了二十多本著作，版權賣到了中國大陸、韓國，以及越南……。

當我慶幸自己因為真心相信「思維創造人格、決定命運」時，恰巧有機會讀到這本書，赫然發現早在一九〇三年，詹姆斯・艾倫就已經揭櫫了這個真理。如果你現在也知道了這個祕密，何不趕快身體力行？我等著你活出全新的自己，和我一樣成為一個有影響力的人！

具名推薦

王莉莉，《啟動成功奇象》作者、零阻力股份有限公司共同創辦人

陳德中，台灣正念工坊執行長

媒體好評

詹姆斯．艾倫的著作能夠幫助世人在內心尋找成功、快樂，是真理之源。他的作品賦予了療傷解痛、帶來幸福的使命，並且也深深觸動了人們的心靈。——美國《哈潑月刊》

詹姆斯．艾倫的作品是需要時刻閱讀的經典，是行事的指南，而非臨時抱佛腳的作品。——《泰晤士報》

詹姆斯．艾倫的作品充滿了超凡的智慧以及人類的終極思考，這與他的

歸隱者清貧生活有關，這種生活狀態能夠讓一位偉大哲人的思想得以迸發和留存。——《出版週刊》

詹姆斯．艾倫的作品大多在探討人類精神世界如何從貧瘠走向富足，這一直是人之所以為人的畢生課題。——《洛杉磯時報》

若說人倫法則和常識，也許常人沒有不懂，但在行為中確實常人無法完全遵守，才導致一代又一代人的精神困惑，而艾倫的作品正是啟迪人們時刻要遵循這些常識和法則的哲學巨人。——《紐約週刊》

適用於所有想走向富足和實現夢想的人們，但前提是按照詹姆斯．艾倫所提倡的道德法則，這是正道。——《華盛頓郵報》

｜前言｜

你的一切，
都是你自己造就出來的！

這本小書是我個人冥想和體驗的心得。

在書中，我並無意針對「思維的力量」這個已經備受探討的主題做詳細的論述。

我的目的其實不在於提出解釋，而是希望能夠激勵世人發現並認識以下真理：

「人的一切都是由**自己創造出來的**。」

人們可以透過自己所選擇、強化的想法來創造自我，因為心靈的狀態會決定人的內在品格和外在環境。

如果他們過去一直為自己製造無知和痛苦，現在他們可以開始為自己製造清明和快樂。

詹姆斯．艾倫

CONTENTS

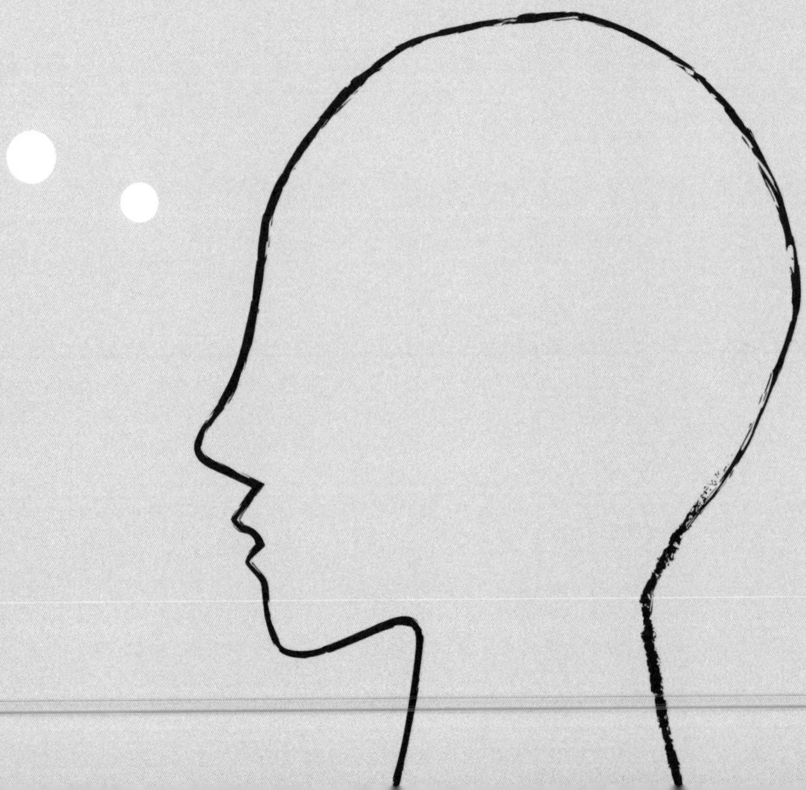

Chapter 1

你的思維創造你的人格

Thought and Character

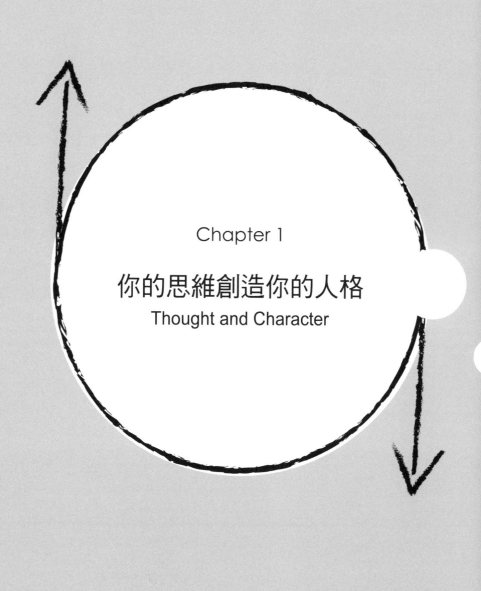

做自己有自覺的主人，
成為自己想成為的模樣！

「他的心如何思量，他的為人就如何。」

這句格言中所指的不僅是一個人的人格，也包括他**生命中的所有情況和處境**。

一個人確實是由他的心靈與思維所造就而成，他的人格乃是他的**所有思維的總和**。

就像植物是從種子開始發芽成長，沒有種子就不會有植物。同樣地，人們的所有舉動也是源自那些**看不見的思維種子**。

一個人心中如果沒有任何想法，就不會表現出任何行為——這裡所謂的

「行為」，除了意指我們刻意去做的事情之外，也包括那些被稱為「自發性的」或「臨時起意」的行為。

行為是思維所開出的花朵，喜悅和痛苦則是它所結成的果實。

因此，一個人所收穫的果實無論是苦是甜，都是他自己種植出來的。

心中的思維造就今日的我們，
透過思維我們塑造自身的面貌。
人若心懷邪惡，苦痛必然隨之而至，

一如車輪行於牛後；
人若心念純淨，喜悅必定隨之而生，
一如形影常相左右。

人類是依法則而成長，而非藉機巧所創造。在有形的物質世界裡存在著絕對而必然的**因果關係**，在看不見的思維領域中亦然。

一個人之所以具有高尚、聖潔的品格，並不是上天的恩賜或機運使然，而是不斷努力修正自己的思想、讓自己長期浸淫於聖潔的思維中所致；同樣地，卑劣凶殘的人格，則是持續懷抱卑劣思維的結果。

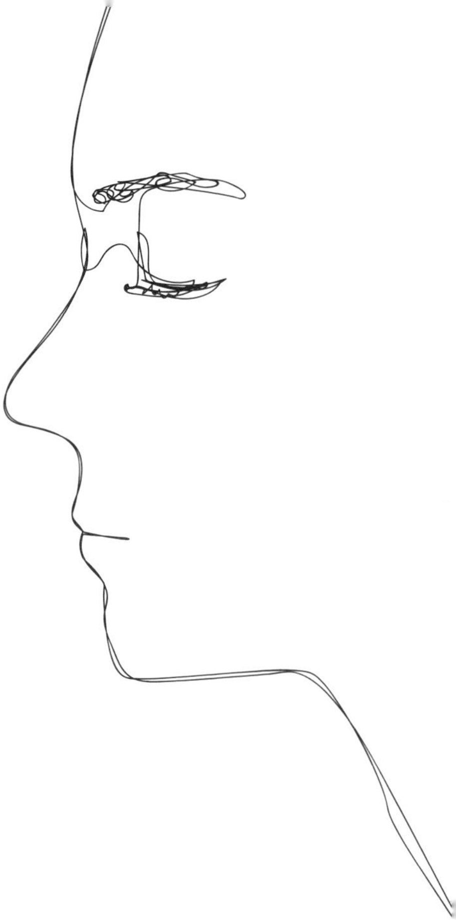

人，成之於己，敗之於己。

人的思維有如一座兵工廠，可以用來製造武器，毀滅自己；也可以用來打造工具，藉以為自己建造喜悅、力量與平安的華美大廈。

如果選擇了正確的思維並徹底加以實踐，心靈便會臻於聖潔完善；如果誤用或濫用了思維，會變得連禽獸都不如。

世人的品格往往介於這兩個極端之間，各不相同，而且都是個人自己創造出來的。

也就是說：人的品格**掌握在自己手中**。

在當今這個時代，有許多關於靈魂的美妙真理已經重新浮現。其中最令人欣喜、振奮並因而生出信心的，莫過於——「人能主宰自己的思維，塑造自身的性格，並決定自身的景況、處境與命運。」

一個人如果有力量、有智慧、有愛心，又能主宰自身的思維，自然能夠影響自己的處境，並且可以利用內心的力量轉化自己，洗心革面，成為**自己想要的模樣**。

即便是在最軟弱、墮落的狀態，人們仍然是自己的主人，但此時的他乃是一個愚昧昏聵、不善治家的主人。當他開始思索自己的處境，並認真地追尋生命的法則時，便會逐漸成為一個賢明的主人，善用精力並改變思維，使其產生有益的結果。

一個人唯有在發現自己內心存在的思維法則之後，才能成為一個**有自覺的主人**。而要發現這些思維法則，完全要靠**身體力行**、**自我分析**，以及**親身的體驗**。

如果想要獲得黃金與鑽石，除了多方探勘和開採之外，並沒有其他的辦法。同樣地，一個人如果能夠深入挖掘靈魂的礦脈，就可以發現生命的所有真理。

如果能夠觀照、克制與改變自己的想法，並且探究這些想法對自己、他人、個人的生命和境遇的影響；如果能夠耐心地透過實踐和探究來找出兩者間的因果關係，並利用每一個經驗——哪怕是最微不足道的經驗——來獲得這方面的知識，就能充分體認：人們確實能夠塑造自己的性格、改變自己的生命，並決定自己的命運。

所謂「（凡）尋找的就尋見，叩門的就為他開門」，指的其實就是這個意思。

這其實是因為——一個人唯有透過耐心、實踐和不斷地追求，才能夠進入「知識的殿堂」。

更新你的思維，

扭轉悲傷、痛苦和挫敗……

- 他的心如何思量，他的為人就如何。

- 行為是思維所開出的花朵，喜悅和痛苦則是它所結成的果實。

- 一個人所收穫的果實無論是苦是甜，都是他自己種植出來的。

- 個人唯有在發現自己內心存在的思維法則之後，才能夠成為一個有自覺的主人。

人，成之於己，敗之於己。

凡尋找的就尋見，叩門的就為他開門。

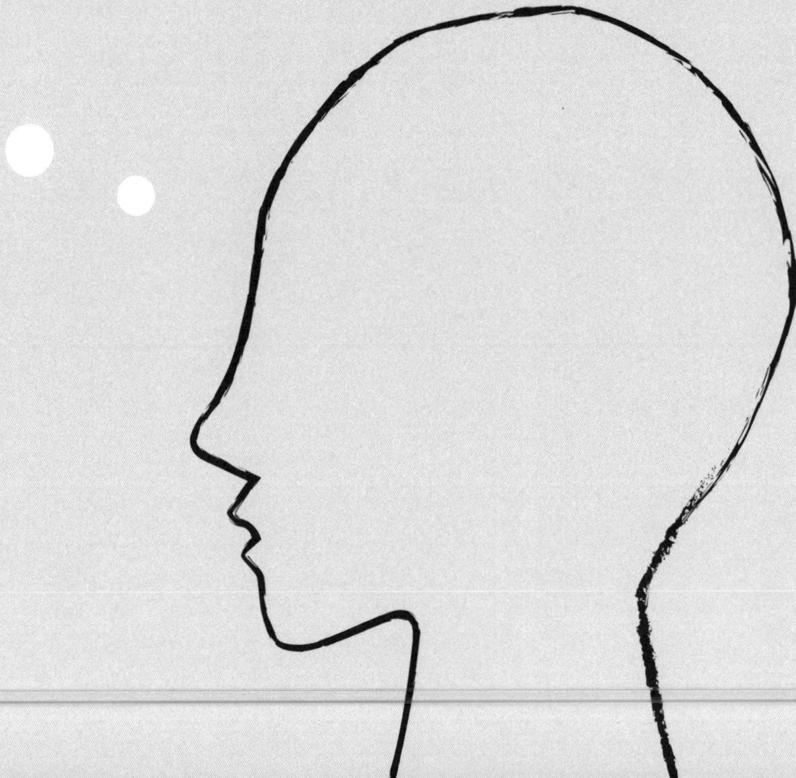

Chapter 2

你的思維決定你的禍福

Effect of Thought on Circumstances

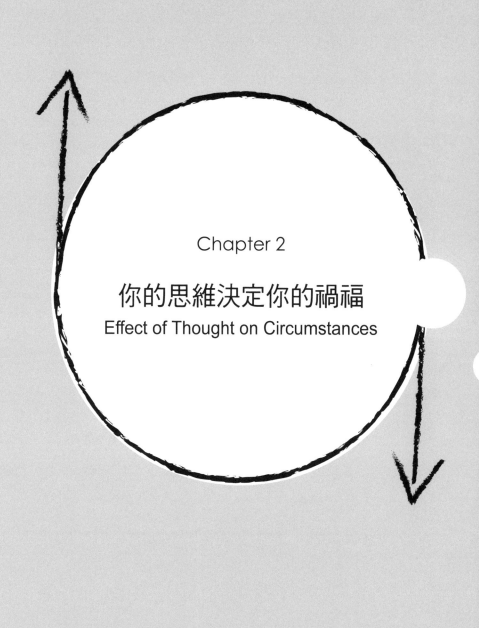

「環境」不會真的導致失敗或成功，
而是讓你看見自己的本質……

人的心靈就好似一座庭園，我們可以在其中栽植花木，自然也可以任其荒蕪。

然而，無論我們是否加以開墾，這座庭園**必然會有所產出**。

如果不在其中播撒有用的種子，那麼勢必會有許多無用的野草種子飄落其中，不斷繁衍、蔓延。

正如一個園丁會耕耘他的園地、拔除野草，並且種植他想要的花草和果樹，人們也可以照管心中那座庭園，拔除所有的錯誤、無用、不潔、一如野草的念頭；種下正確、有用、純淨、一如花草和果樹的思維，並善加栽培，使其盡善盡美。

在這個過程中，人們遲早會發現自己是靈魂的園丁，也是生命的主管；同時也會透過內心看出思維的法則，更精確地理解——思維的力量和心靈的狀態如何塑造個人的人格，影響其**境遇**與**命運**。

思維和人格是一體的。

人格唯有透過環境和情勢才能顯現，因此，一個人的外在處境必然與他的內在狀態一致。

這並非意謂在任何時間的境遇都能顯示一個人的整個品格，而是當時的境遇和他心中某個重要的思維元素密切相關，因此他必須經歷這樣的境遇才能成長。

一個人之所以會成為現在的模樣，都是**性格使然**。思維造就性格，進而形成處境。

無論好壞，人生當中的種種境遇皆**非出自偶然**，而是一個不變的法則作用的結果。

人是會進步、成長的生物。

人之所以會遭逢各種狀況，為的是讓他得以學習、成長。當他學習到某種境遇所要帶給他的**靈性功課**時，這個狀況自然就會消失，由其他不同的境遇取而代之。

一個人如果認為自己是由外境所塑造而成的，自然而然就會受到環境的影響。

然而事實上，所遭逢的這些境遇，都是從內心那無形的土壤與種子所成長出來的。

因此，當他體認到自己可以掌握那些土壤與種子時，就會成為自己名副其實的主人。

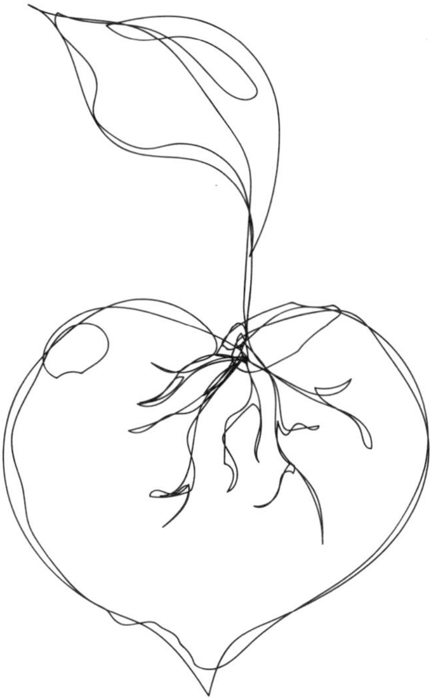

任何人只要在**自我克制**與**自我淨化**方面下過工夫，就會明白一個人的境遇確實源自於他的思維——他會發現：當他的心態改變時，處境也會相對地發生變化。這是千真萬確的事實！

因此，當一個人致力於改正自己性格上的缺陷，並取得長足而明顯的進步時，就能快速地通過人生中的風風雨雨。

人的靈魂深處有什麼東西，就會**吸引**什麼東西。它會吸引它所喜愛的，也會吸引它所害怕的；它如果懷有聖潔崇高的目標，便會向上提升，它如果懷有不潔的慾望，則會向下沉淪。

因此，它所面臨的種種境遇，**都是必然應得的**。

不論是刻意播下或任其飄落、生根的思維種子，都會在人的心田發芽、長大，而且總有一天會開出「行動」的花朵，後然結出「機運」和「境遇」的果實。

好的念頭會結出美好的果實，壞的念頭則會結出粗劣的果實。

外在的環境會隨著人們內心的思維而改變，無論是令人歡喜或煩惱的情境，**最終都將有益於人**。

一個人的禍福都是自己造成的，無論是福是禍，都可以從中學習。

一個人之所以會窮困潦倒或身陷囹圄，並非命運或環境使然，而是因為他內心懷著低下的思維和卑劣的慾望。

一個心思純潔的人會突然犯罪，並不是因為受到外在環境的壓力，而是心中早已隱藏了犯罪的念頭，而這樣的念頭在適當的時機便顯現了出來。

境遇並不能決定我們會成為一個什麼樣的人，而是**讓我們在其中看見自己的本質**。

人如果沒有邪惡的傾向，絕不致墮入罪惡的深淵，並因而受苦受難。同樣地，如果不是持續努力向善，也無法成為有德之人，過著平安、快樂、幸福的生活。

因此，人是自身思維的主宰，能夠決定自己要成為什麼樣的人，也能改變外在的環境。

人的靈魂，從出生開始就展現出它的力量，不斷地在生命的各個階段吸引各種能夠揭露它的本來面目，顯現它的純淨或不潔、堅強或軟弱的情境。

人們所吸引的，不是他們想要的事物，而是和他們的本質相同的事物。他們的夢想和野心會屢屢受挫，但是他們內心深處的想法和慾望——無論汙穢或潔淨——都會實現。

那「決定我們命運的神祇」就在我們的內心，就是我們自己，人所受的桎梏，全都是**自己所加諸的**。

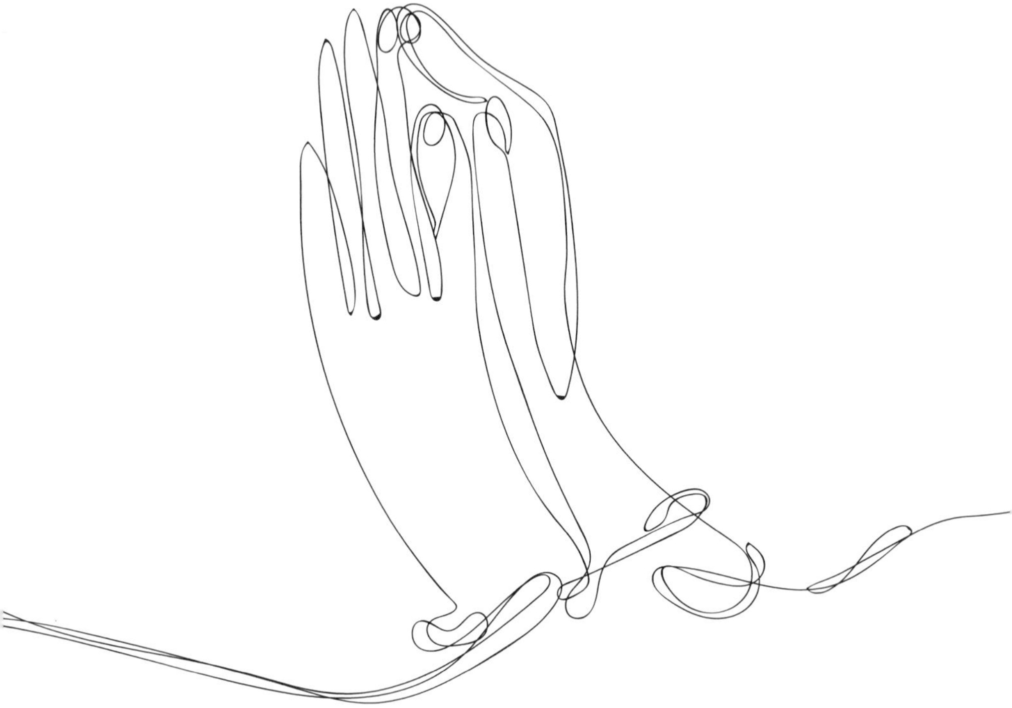

「思維」和「行動」，既是命運派來的獄卒，同時也是自由女神派來的天使。卑劣低下的思維與行動會禁錮我們，但是，高尚有德的思維與行動卻會解放我們。

一個人所得到的，**並非他所期望的**，而**是他應得的**。

一個人的願望和祈禱，只有在與思維和行動一致的時候，才會得到滿足與回應。

如此看來，所謂的「與環境對抗」是什麼意思呢？

它指的是：一個人不斷地對抗外在的「果」，但心中卻一直留存並滋養著那個「因」。

這個「因」可能是他自己知道的一個惡習，也可能是他未曾察覺的一個缺點。

更要注意的是，無論為何，這個惡習或缺點都會大大地妨礙他所做的努力，因此必須加以改正。

人們總是急著改善境遇，卻不願意改善自己，因此始終無法解脫。

一個不害怕將自己釘上十字架的人，必然可以實現他的目標，無論此一目標是世俗的成就，抑或靈性的提升。即便是那些一心一意想要追求財富的人，為了實現目標，都必須準備做出巨大的犧牲，更遑論那些想要活得充滿力量、平靜、安詳的人呢？

有一個窮苦的人非常想要改善他的環境和住家，但是他在工作的時候卻一直偷懶卸責，矇混他的雇主。他認為自己這樣做並沒有錯，因為雇主給付的工錢太少了。

像這樣的人，可說是連最基本的致富之道都不懂！

由於他一直懷著這種懶惰、欺騙和怯懦的想法，並據以行動，因此不僅無法脫離不幸境遇，甚至還會淪落到更加悲慘的境地。

有一個富人因為貪吃的緣故，得了一種難治的疾病，讓他痛苦不堪。

他願意付出一大筆錢，以求治好這個病，但他卻不願意放棄口腹之慾。

這個富人既想要保持健康，又想要盡情享受那些不利身體的飲食，像這樣的人，必然不可能擁有健康的身體，這是因為他還沒有學會保持健康的基本道理。

有一個雇主為了規避給付法定的工資，採用了一些不正當的手段，甚至還削減員工的薪水，以便獲取更大的利潤。

像這樣的人是完全不可能致富的，當他發現自己信用掃地並且面臨破產時，便開始歸咎環境因素，殊不知這一切都是他自己一手造成的。

舉出以上三個例子，只是想要說明一個道理：人們的境遇都是自己造成的，只不過他們往往對此**渾然不覺**。他們雖然冀望有美好的結局，但心中卻一直懷著**與目標不符**的想法和慾望，因此到頭來總是事與願違。

諸如此類的例子不勝枚舉，只是沒有一一列舉的必要。如果你願意，可以回顧思維法則在自己的心靈和生活中運作的方式，明白其中的道理後，外在的處境就不足以做為合理化行為的藉口了。

話雖如此，由於境遇所包含的因素極其複雜，而且人們的思維存在於內心深處，很難察覺，再加上快樂的情況因人而異，因此，一個人雖然可能很清楚自己的靈魂的整體狀況，但是其他人並不能光憑他表面上的生活來加以論斷他。

舉個例子來說：有一個人在某些方面非常誠實，但是日子卻過得十分窮困潦倒；另一個人在某些方面並不誠實，然而他卻坐擁財富。這時候，人們通常會得出以下這樣的結論——前者是因為誠實而失敗，後者則因為奸詐而致富。

然而，這樣的論斷是很膚淺的，因為他們認定那個不誠實的人幾乎毫無美德可言，而那位誠實的人則幾乎沒有道德上的瑕疵。

事實上，當我們對人生有了更進一步的了解和更多的歷練之後，自然就會發現這類的判斷並不準確。

那個不誠實的人，或許有一些美德是那個誠實的人所缺乏的；而那個誠實的人，或許也有一些惡行是那個不誠實的人所沒有的。誠實的想法和舉動會帶來福報，惡行則會遭致災禍。因此，不論是誠實或不誠實的人，都同樣承受痛苦與快樂。

相信自己正因著美德而受苦，可以滿足一個人的虛榮心。只不過，一個人其實並無法認定自己的苦難是由於他的好德性而非惡行所造成的——除非他已經袪除了心中所有病態、仇恨和汙穢的念頭，使得自己的靈魂變得純潔無瑕、毫無邪念。

在尚未到達這般完美的境界的時候，他將會透過自己的所思所想和生活體驗，發現一個絕對公平的「偉大法則」（the Great Law），那就是——

善有善報、惡有惡報。

有了這樣的體認之後，當他回顧自己過往種種盲目無知的作為時，將會發現此生的遭遇都是應得的，過去的那些經驗——**無論好壞**——都是他那正在發展但尚未進化的結果顯現。

善良的想法和行動絕不會造成不好的結果，邪惡的想法和行動也必然不可能形成好的結局，這其實就和種下玉米只會長出玉米、種下蕁麻只會長出蕁麻一樣。

只不過，雖然當這樣簡單不變的定律運行於自然界時，人人都能夠了解，並且據以行事，卻很少人明白這樣的定律也適用於心靈和道德方面，而且照著去做。

人之所以會遭受苦難，必然是因為某方面的想法出了問題，顯示其內心的不協調，並與生命的法則有所牴觸。

經歷苦難只有一個崇高的目的，那便是：淨化人的心靈，將其中**無用的雜質**焚燒盡淨。

當一個人心思純淨的時候，便不會再有苦難——因為渣滓既已經去除，黃金就沒有冶煉的必要了。是故，一個心思純淨無瑕且已然開悟的人，是不

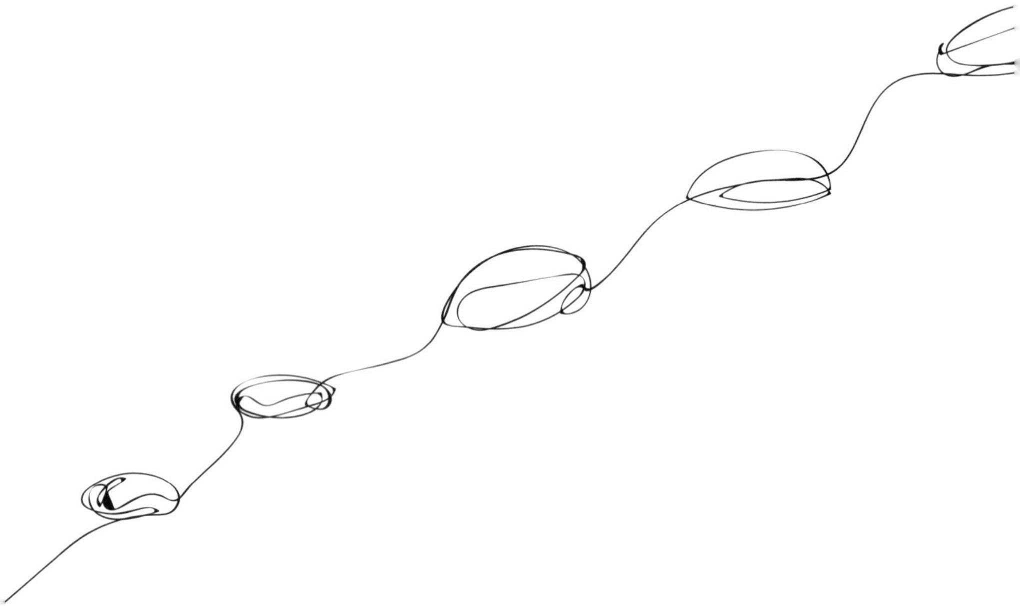

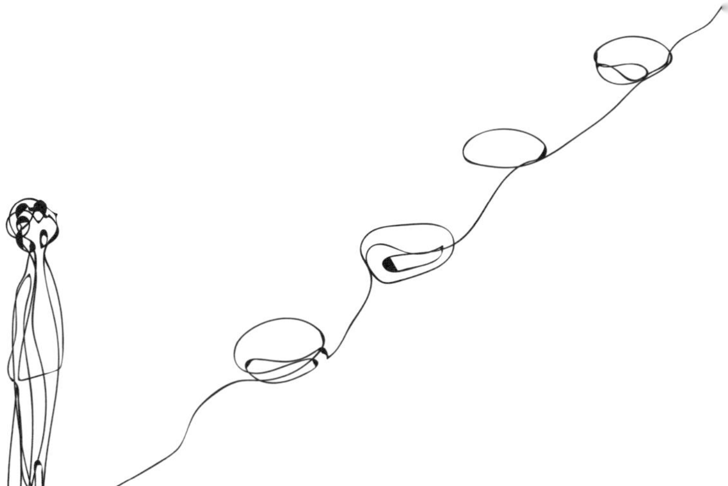

可能受苦的。一個人之所以受苦，是因為心靈失去和諧；而一個人之所以蒙福（此處所指並非財富），是因其思維合乎義理。

是故，我們可以從一個人的不幸（並非貧窮）與否，去看出他的思維是否合乎義理。

有的人雖然富有，卻活得痛苦；有的人儘管貧窮，卻過得幸福。富人唯有在善用他的財富時，才有幸福可言；而窮人唯有在認為命運待他不公時，才會感到痛苦。

貧困與縱慾，是痛苦的兩個極端，兩者都違反自然，也都是**心靈失調**的結果。

快樂、健康、富足，才是人應有的狀態，而一個人之所以能夠快樂、健康、富足，是因為他的內心與外境處於和諧的狀態。

唯有停止抱怨、謾罵，並且開始探求生命的法則時，才能夠**真正成為一個人**。

當他能夠調整自己的心態去遵循這個法則的時候，便不會再將境遇歸咎於別人。

同時，他也會讓自己的思維變得崇高有力，藉以提升自己。他不會再對抗他的處境，反而會開始將它化為助力，讓自己更快速地成長，並藉此探索自身的潛能。

宇宙**有其法則**，並非一團混亂；生命也**是公平的**，而非不義的。

道德是型塑並推動這個世界的精神力量。

因此，一個人必須修正自己，讓自己成為一個有德之人，才能看出宇宙的道德性。

同時，一個人會在修正自我的過程中發現——當我們改變對他人與萬物的想法時，他人與萬物也會因我們而改變。

這個道理在每一個人身上都可以得到驗證。人們只要徹底地省視並分析自己，就很容易發現這個道理。

當一個人的想法產生了巨大的改變時，他將會很驚訝地發現外在環境也很快就出現了變化。

人們往往以為他們可以隱藏自己內心的想法，但其實不然。

人的想法很快就會轉化成習性，而習性會具體表現在種種習慣（例如酗酒、好色）上，然後這些習慣又會導致種種境遇（例如窮困或生病）。

心有邪念，就會養成一些萎靡、昏昧的習慣，進而置己身於逆境中。

恐懼、懷疑和猶豫不決的想法會使人養成軟弱、怯懦、優柔寡斷的習性，而這些習性又會使人陷入失敗、貧困和依賴的處境。

懶散怠惰的想法容易讓人養成邋遢、髒亂、事事矇混的習性，進而招致汙穢、貧窮。

怨天尤人的想法，容易養成指責別人、粗暴乖張的習氣，進而使自己受到傷害與逼迫。

自私自利的想法，容易養成只顧自身利益的習性，進而招致苦惱的境遇。

相反地，一個人若懷著美好的想法，氣質自然優雅、和善，而這樣的氣質將招徠溫暖、光明的境遇：

- 心無邪念，遇事則能有節有度、自我克制，從而化解紛擾，生活過得安詳平和。
- 勇敢、自立、決斷的態度，顯現出的氣概自然非凡，做事自然容易成功，生活自然豐足與自由。
- 積極正向的思維養成整潔勤勉的習性，人生境遇也會比較順遂。
- 溫和寬恕的心態養成彬彬有禮的習性，不易與人發生衝突，能保護自我。

心存仁愛、不為己謀的人，能夠無私地為人服務，將為自己帶來持久的繁榮與真正的財富。

一個人若持續抱持某一種想法，無論這種想法是好是壞，勢必會影響他的人格和境遇。

人們雖然無法直接選擇自己的人生境遇，但卻能夠**選擇自己的想法**，間接影響自己的境遇。

大自然會幫助每個人實現他心中最常抱持的想法，讓那些想法迅速地顯露出來——無論是好是壞。因此，一個人假使能夠棄絕邪惡的念頭，整個世界都會開始對他友善，並且隨時準備助他一臂之力。

如果一個人能夠下定決心拋棄軟弱、不健康的想法，便會處處逢源；同樣的道理，當一個人保持心思善良，必不致遭遇困厄，承受痛苦與恥辱。

這世界是一個萬花筒，眼前所看到的千變萬化的色彩組合，都反映出我們當下那不斷變動的思維。

你將成為你想成為的那種人；
「環境」只是微不足道的字眼，
不會真的導致失敗。

心靈是自由的，
睥睨一切。
它主宰時間、戰勝空間。
它震懾那虛張聲勢、名為「機運」的騙子。
它命令那名為「境遇」的暴君下臺，成為奴僕。

人的意志是看不見的力量，
是不死「靈魂」的產物，
縱遭岩壁阻擋，
仍能鑿出一條通往目標的路。

切莫操之過急，

務必靜心等待，
當心靈起而號令，
眾神莫敢不從。

更新你的思維，
扭轉悲傷、痛苦和挫敗……

- 思維造就性格，進而形成處境。
- 之所以會遭逢各種狀況，為的是讓他得以學習、成長。
- 人的靈魂深處有什麼，就會吸引什麼。
- 境遇並不能決定我們會成為一個什麼樣的人，而是讓我們在其中看見自己的本質。

一個人的禍福都是自己造成的，無論是福是禍，都可以從中學習。

人是自身思維的主宰，能夠決定自己要成為什麼樣的人，也能改變外在的環境。

人們所吸引的不是他們想要的事物，而是和他們的本質相同的事物。

人所受的桎梏全都是自己所加諸的。

人們總是急著改善自身的境遇，卻不願意改善自己，因此始終無法解脫。

外在的處境不足以做為合理化行為的藉口。

一個人所得到的並非他所期望的，而是他應得的。他的願望和祈禱只有在與思維和行動一致時，才會得到滿足與回應。

善有善報、惡有惡報。

人之所以會遭受苦難，必然是因為某方面的想法出了問題，顯示其內心的不協調，並與生命的法則有所牴觸。

經歷苦難只有一個崇高的目的，那便是：淨化人的心靈，將其中的無用雜質焚燒盡淨。

快樂、健康、富足才是人應有的狀態。

唯有停止抱怨、謾罵，並開始探求生命的法則時，才能真正成為一個人。

當我們改變對他人與萬物的想法時，他人與萬物也會因我們而改變。

你將成為你想成為的那種人，「環境」只是微不足道的字眼，不會真的導致失敗。

人的意志是看不見的力量，是不死「靈魂」的產物。

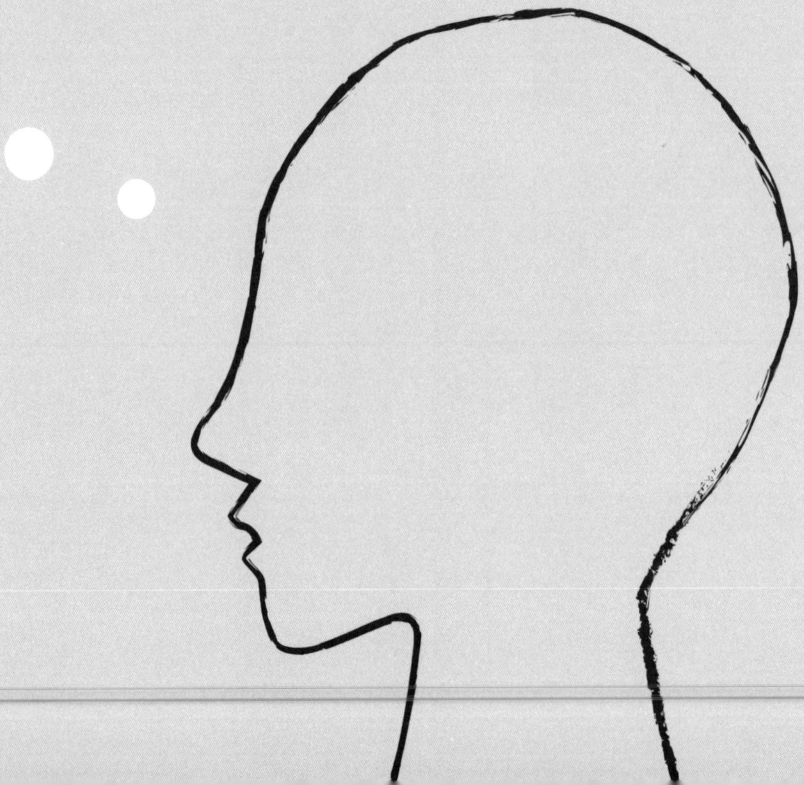

Chapter 3

你的身體會對
你的思維產生反應

Effect of Thought on Health and the Body

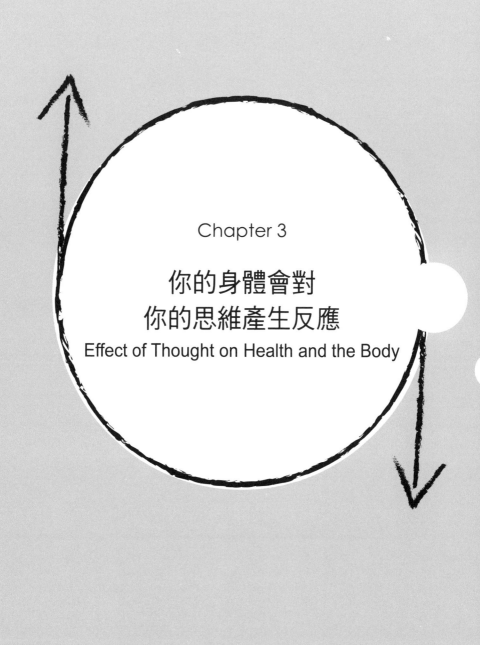

人的想法健康，
身體自然就健康！

身體是心靈的僕人。

身體服從心靈所發出的指令，無論這些指令是心靈有意識的選擇抑或無意識的表達。

一個人如果滿腹邪念，他的身體很快就會生病、衰敗；一個人如果心境開朗美好，身體就會顯得年輕美麗。

如同思維影響境遇一般，一個人健康與否也和思維有關，不健康的想法也會透過疾病表現出來。

過去曾有人因**恐懼**而瞬間暴斃，而今仍有千萬人因此而喪命。

那些終日擔心自己可能會生病的人，最後往往真的會生病，這是因為**焦慮**瓦解了身體的免疫力，使得疾病容易入侵。

一個人如果心有**邪念**，縱使沒有實際付諸行動，他的神經系統也很快地會因此而受損。

思維堅定、純潔，心情愉快，身體就會充滿活力，風姿優雅。

我們的身體是**一部靈敏並且具可塑性的儀器**，當它接收到我們的所思所想，很快地就會產生反應。

我們慣常抱持的想法——無論是好是壞，都會對身體產生影響。

心懷邪念會使血液含有各種雜質和毒素；心靈純淨則身體和生命都會變得純淨；心靈若汙穢，生命和身體也會跟著汙穢、敗壞。

思維是行動、生命和表現的源頭，當源頭潔淨了，一切都會自然而然變得潔淨。

一個人如果不改變想法，就算改變飲食也無助於健康。當一個人的思維變得純淨時，自然不會再想吃不純淨的食物。

如果想讓身體更健康，請注意自己的心靈；如果想要更有青春活力，請美化自己的心靈。

惡意、**嫉妒**、**失望**、**沮喪**的想法會使人生病，並讓人失去魅力。

一個人之所以面容刻薄，並非天生如此，而是因為他的心態**刻薄**，他臉上的紋路乃是由**愚蠢**、**衝動**與**驕傲**所形成。

我認識一位女性，雖然已年屆九十六歲，卻容顏明亮、純真，一如少女。

我也認識一位男性，雖然尚未中年，卻面目猙獰、凶惡。

前者是出自和藹、開朗的性情，後者則是來自憤怒與不滿。

除非讓室內充滿空氣與陽光，否則不可能擁有一個舒適、健康的住家。同樣地，若想擁有強壯的身體以及開朗、快樂、安詳的面容，唯有讓自己的心靈充滿**喜悅**、**善意**與**平靜**。

同樣垂垂老矣、皺紋滿面，有些人心懷慈悲，有些人思維純淨有力，有些人則仍滿懷七情六慾。他們之間的差別非常明顯，有德之人年老時看起來平靜、安詳、醇厚、圓熟，有如無限美好的夕陽。

不久之前，我曾目睹一位哲人臨終時的模樣，他雖已年邁卻毫無老態，逝世時面容恬靜安詳，一如生前的模樣。

要消除身體的疾病，最好的藥方莫過於「開朗愉悅的心態」；要驅散悲愁憂傷，最好的安慰莫過於人的善意。帶著惡意、懷疑、嫉妒和憤世嫉俗的心態過活，無異於生活在**自己一手打造的牢籠裡**。

一個人如果能懷抱無私的心態，對所有人都懷著善意，熱忱相待，並耐心地找出別人的優點，就是走上**通往天堂的道路**——每天都願意與所有生靈和平共處，就會過得平靜安詳。

更新你的思維，
扭轉悲傷、痛苦和挫敗……

身體是心靈的僕人，它服從心靈所發出的指令，無論這些指令是心靈有意識的選擇抑或無意識的表達。

一個人健康與否其實和思維有很大的關係，不健康的想法，也會透過疾病表現出來。

一個人如果不改變想法，就算改變飲食也無助於健康。當一個人的思維變得純淨時，自然不會再想吃不純淨的食物。

思維是行動、生命和表現的源頭，源頭潔淨了，一切都會變得潔淨。

如果想讓身體更健康，請注意自己的心靈；如果想要更有青春活力，請美化自己的心靈。

要消除身體的疾病，最好的藥方莫過於「開朗愉悅的心態」；要驅散悲愁憂傷，最好的安慰莫過於人的善意。

一個人如果能懷抱無私的心態，對所有人都懷著善意，熱忱相待，並耐心地找出別人的優點，就是走上通往天堂的道路

惡意、嫉妒、失望、沮喪的想法會使人生病，並讓人失去魅力。

想要有開朗、快樂、圓熟的面容，就得先讓心靈純淨而有力，充滿善意和平靜。

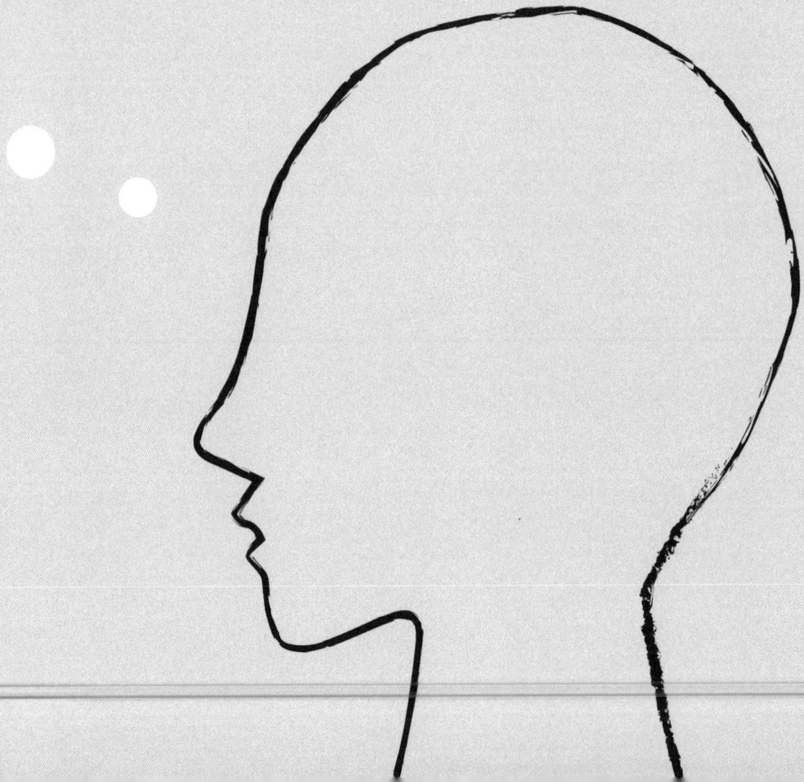

Chapter 4

有目標的思維才有力量

Thought and Purpose

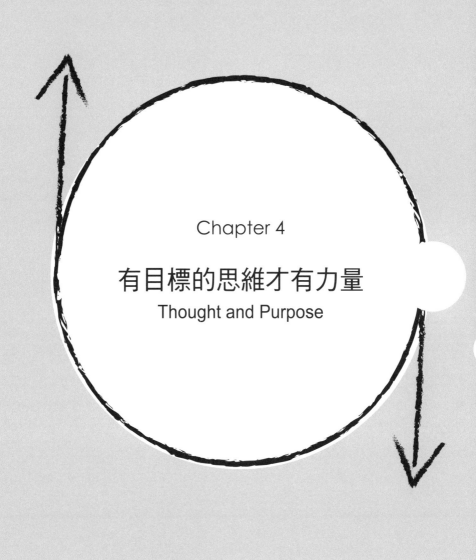

你應該設定一個正當的目標，
並讓這個目標成為你的中心思想。

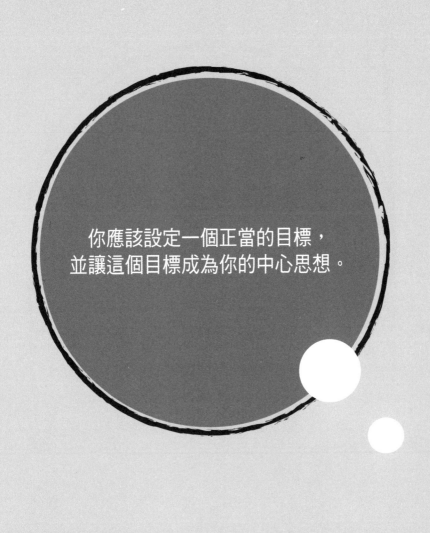

一個人縱使有想法，但若缺乏目標，還是不可能有所成就。

大多數人都任由自己的思維輕舟漂浮在生命的海洋上。

「漫無目標」是一種惡習，一個人若想避免災禍，就不能任由自己繼續如此漂浮。

生命當中沒有任何目標的人很容易擔憂、恐懼、煩惱、自憐……，這些都是**軟弱的表現**，必定會如同蓄意犯下的罪行一般，遭遇各種失敗、痛苦與損失。

在一個藉著力量進化的宇宙中，軟弱的人將無法存活。

每個人的心中都應該設定一個**正當的目標**，並著手加以**實現**，而且將這個目標視為**思維的主軸**。

所謂的「目標」可以是心中的一個理想，也可以是一件世俗的事物，端視當時的性情而定。

然而，無論目標為何，都應該集中精神、全力以赴，將它視為自己**最重要的責任**，並致力加以實現，不可因一時的喜好、渴望或想像而分心。

這是一個讓自己能夠自制和專心的最佳方法。即便屢遭失敗，無法達成目標（這是在克服自己的弱點之前，必然會有的現象），但將因此變成一個**性格堅強的人**。

這才是真正的成就，也將成為未來的力量和勝利的基石。

一個人如果尚未有「偉大」的目標，那麼至少應該專心一意履行**自己的職責**，將份內的工作做得盡善盡美——無論這些工作看起來如何微不足道。唯有如此，我們才能夠讓自己全神貫注、心無旁騖，意志更加堅定，也更有能量。

當一個人能夠做到這點時，沒有任何事情能夠難得倒他。

無論一個人的靈魂如何軟弱，如果能認清自身的軟弱，並相信唯有透過努力和練習才能讓自己變得強壯，必然會立刻開始竭盡所能不斷努力，以耐心和毅力鍛鍊自己，最終必然會變得強壯無比。

正如身體虛弱的人能夠透過徹底、勤奮的鍛鍊而讓自己變得強壯一樣，一個心靈軟弱的人，同樣也能夠透過建立正確的思維，而讓自己的心靈變得強大。

如果能改掉漫無目標和軟弱不振的毛病，開始有目標地思考，就能躋身強者之林。

強者會把失敗當成通往成功的途徑之一，並將所有的境遇化為自身的助力。他們的思維堅定、勇於嘗試，並且能高明地達成目標。

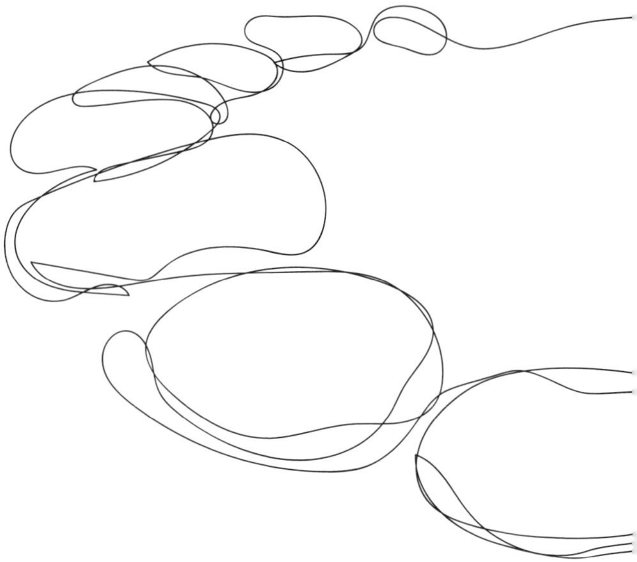

立定目標之後，應該筆直地朝著這個目標前進，不要左顧右盼，要**徹底排除心中的懷疑與恐懼**，因為這兩者會削弱我們的努力，使通往目標的道路變得迂迴曲折，讓我們白費力氣。

懷疑和恐懼的想法永遠無法成就任何事情，只會導致失敗。這是因為當人們心中產生了懷疑和恐懼的時候，就會失去目標、活力和行動力，也不會有堅強的信念。

我們之所以願意做一件事，是因為知道自己**有能力做到**。因此，懷疑和恐懼是我們的大敵，如果不消除這些念頭，我們將會一路遭受挫敗。

一個人如果征服了懷疑和恐懼，就等於征服了失敗，當下的每一個想法都會充滿力量。他會勇敢地面對每一個困難，並且以聰明才智加以克服。等到時機成熟的時候，他的努力就會開花結果，他的目標就會實現，而不致胎死腹中。

思維若與目標結合，就能夠產生一股**創造性的力量**。如果能了解這個道理，就可以自我提升，讓自己變得更有力量，而不致忽東忽西、搖擺不定；要是能夠具體加以實踐，就能夠善用自己的心智力量。

更新你的思維，
扭轉悲傷、痛苦和挫敗……

一個人縱使有想法，但若缺乏目標，還是不可能有所成就。

無論目標是什麼，都應該集中精神、全力以赴，將它視為自己最重要的責任，並致力加以實現，不可因一時的喜好、渴望或想像而分心。

若尚未有偉大的目標，那就專心履行你的職責，無論它們如何微不足道。

思維若與目標結合，就能產生一股創造性的力量。

立定目標之後，應該筆直地朝著這個目標前進，不要左顧右盼，要徹底排除心中的懷疑與恐懼，因為這兩者會削弱我們的努力。

一個人如果征服了懷疑和恐懼，就等於征服了失敗，當下的每一個想法都會充滿力量。

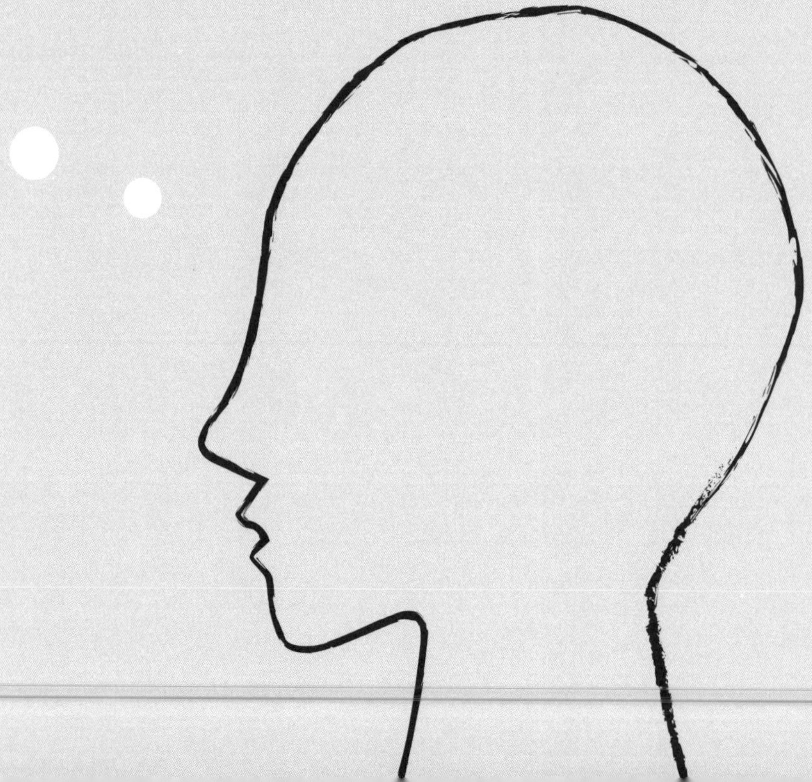

Chapter 5

你的成就全在你的一念之間

The Thought-Factor in Achievement

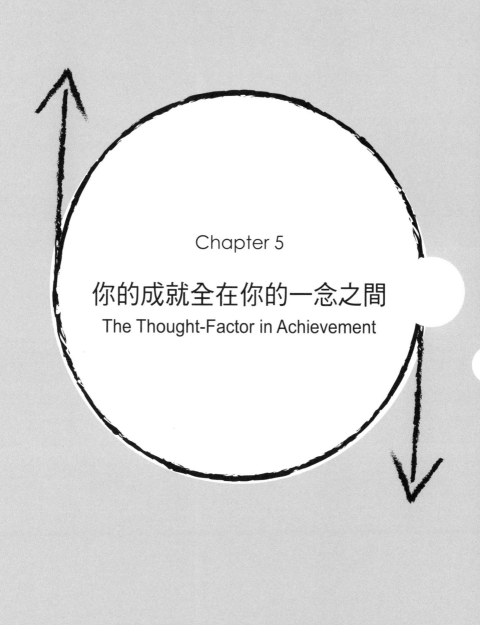

壓迫者和受壓迫者其實是同謀，
他們都是在讓自己痛苦。

一個人的成功與失敗，全都取決於自己的思維。

在一個公平公正、井然有序、一旦失衡就會全盤崩解的宇宙裡，個體必須**為自己負起完全的責任**。

一個人是軟弱抑或堅強，是純潔抑或汙穢，都是自己的責任而不是別人的；是自己造成的，與他人無關，而且只有自己能夠加以改變，其他人全都無能為力。所遭遇的境況也是自己造成的，不能怪罪別人。

痛苦與快樂乃是源自內心。

心如何思量，為人就如何；思維若不改變，為人也不會改變。

弱者若不願意接受幫助，強者也幫不上忙。

即便接受了，也必須靠自己的力量才能變得強壯。

一個人必須自行培養所嚮往的那種力量，除了自己之外，沒有人能夠改變境況。

人們通常都這麼認為：許多人之所以會成為奴隸，是因為受到別人的壓迫，我們應該痛恨那個壓迫者。然而，現在已逐漸有一些人抱持著相反的觀點了，他們認為：一個人之所以會成為壓迫者，是因為有許多人自願成為奴隸，我們應該鄙視那些奴隸。

然而，**壓迫者和奴隸其實是同謀**，只是他們不自覺罷了。

表面上，他們互相讓對方感到痛苦，然而事實上，他們是在讓自己感到痛苦。

智者明白受壓迫者之所以軟弱，壓迫者之所以濫用權力，都是宇宙法則運作的結果；仁者明白兩者必然都要承受他們的行為所帶來的痛苦，因此並不會非難任何一方；慈悲之人則能同理兩者的處境。

那些已經戰勝自我的軟弱並且能放下一己私心的人，既不會壓迫別人，
也不會受人壓迫——

他們是**自由的靈魂**。

唯有提升自己的思維，才能夠不斷進步、戰勝自我，並且達成目標。否則，終將是一個軟弱、可悲、不幸的人。

想有所成就（甚至包括世俗的成就），就不能盲目地追逐感官享受。要成功，就算無法捨棄所有聲色之娛和利己之心，**至少也需要犧牲一部分**。

一個貪圖感官享受的人，既無法做清明的思考，也無法進行有條理的規劃。他沒有能力發掘自我潛在的資源並加以開發，因此做任何事情都不會成功；由於尚未能掌控自己的思維，因此無法管理事務或承擔責任，也不能獨當一面。

然而，這個人之所以如此，都是他的想法使然，只要改變想法，就可以海闊天空。

沒有犧牲，就不可能進步，也不可能成功。

一個人是否有所成就，端視他是否願意放棄追逐聲色之娛，專心一意地執行既定的計畫，並增強決心與自立的能耐。

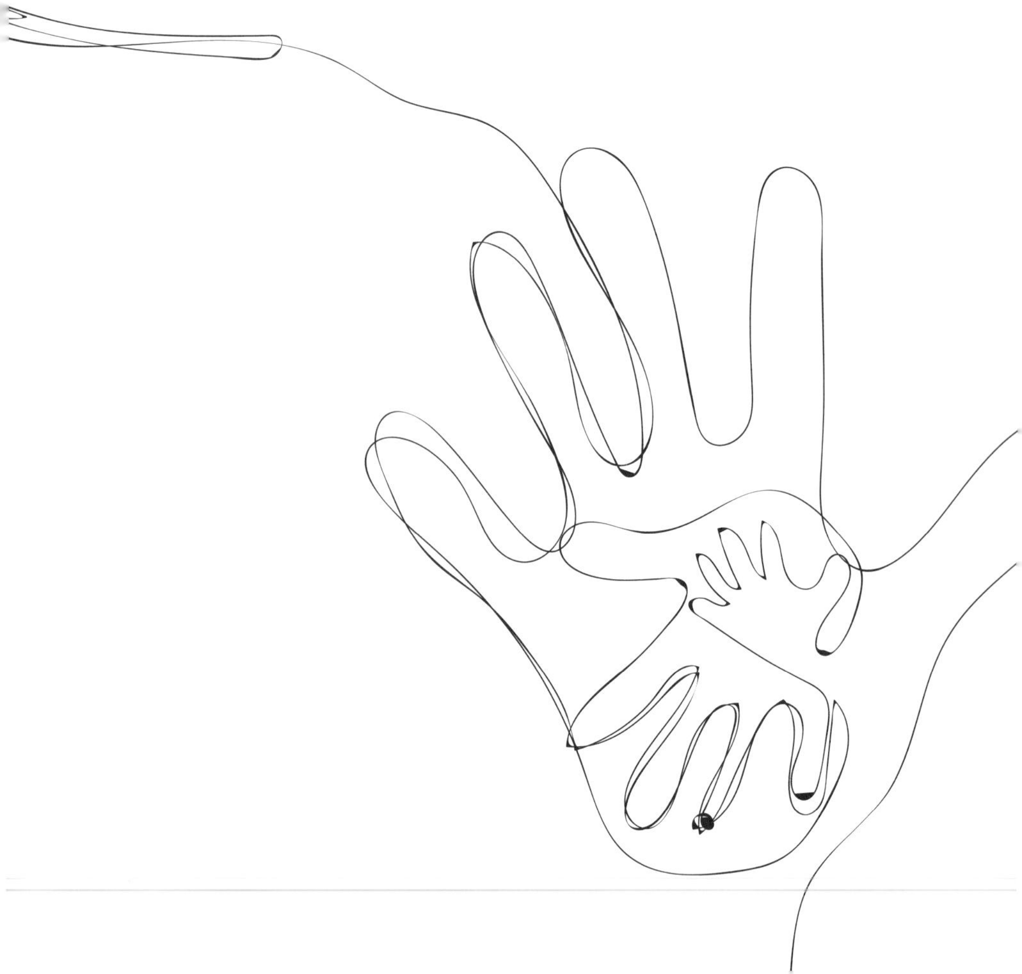

思維愈崇高，為人愈剛毅正直，成就便會愈偉大、美好而且恆久。

有時候，那些貪婪、奸詐、邪惡的人看起來似乎比較占便宜，但事實並非如此。

上天會幫助誠實、慷慨、有德行的人。千百年來，所有偉大的導師都以不同的形式宣揚了這個道理。一個人只要提升自己的思維，讓自己的品德日益高尚，就可以證實並明白這個道理。

人們如果一心一意求取知識、追尋生命和大自然的美妙真理，自然能夠在智識上有所成就。儘管這類成就有時候被認為與虛榮心和野心有關，但其實並非兩者的產物，而是一個**思維純潔無私**的人**長期努力**的結果。

靈性上的成就，則是人們渴切追求神聖事物的結果，正如同太陽必然會升到天頂、月兒必然會變圓一般。

一個人如果時常懷有崇高的思維和純潔無私的心靈，必然智慧具足、品格高尚，並且成為一個**具有影響力**且**很有福氣**的人。

無論何種成就，都是由思維和努力累積而成。

一個人如果有自制力、有決心、思維純潔、品格正直、目標清晰，就能夠向上提升；如果縱情聲色、好逸惡勞、心有邪念、腐化墮落、思維混亂，就會向下沉淪。

一個人縱使有了很大的世俗成就，甚至在靈性上達到了一定的高度，但如果任由傲慢、自私、墮落的想法在心中生根，還是有可能再度沉淪，成為一個軟弱可悲的人。

藉由正確的思維而獲得了成就之後，仍然必須戒慎恐懼地維持下去，如此才能可長可久。許多人一旦成功後便開始鬆懈，於是很快就再度嚐到失敗的滋味。

有些人之所以能夠在事業、知識或靈性等方面有所成就，那都是因為他們的思維具有**明確的目標**——其中的道理和方法都是一樣的，只是目標有所不同罷了。

如果你不想要有什麼成就，就不用做出什麼犧牲；如果你想要有很大的成就，就必須做很大的犧牲；如果你想要有至高無上的成就，就必須做出無與倫比的犧牲。

更新你的思維，

扭轉悲傷、痛苦和挫敗……

一個人是軟弱抑或堅強，是純潔抑或汙穢，都是自己的責任而非別人的；是自己造成的，與他人無關，而且只有自己能夠加以改變，其他人全都無能為力。

一個人必須自行培養所嚮往的那種力量，除了自己之外，沒有人能夠改變境況。

沒有犧牲，就不可能進步，也不可能成功。

那些已經戰勝自我的軟弱並且能放下一己私心的人，既不會壓迫別人，也不會受人壓迫。

那些貪婪、奸詐、邪惡的人看起來似乎比較占便宜，但事實並非如此；上天會幫助誠實、慷慨、有德行的人。

藉由正確的思維獲得成就後，仍須戒慎恐懼地維持，如此才能可長可久。

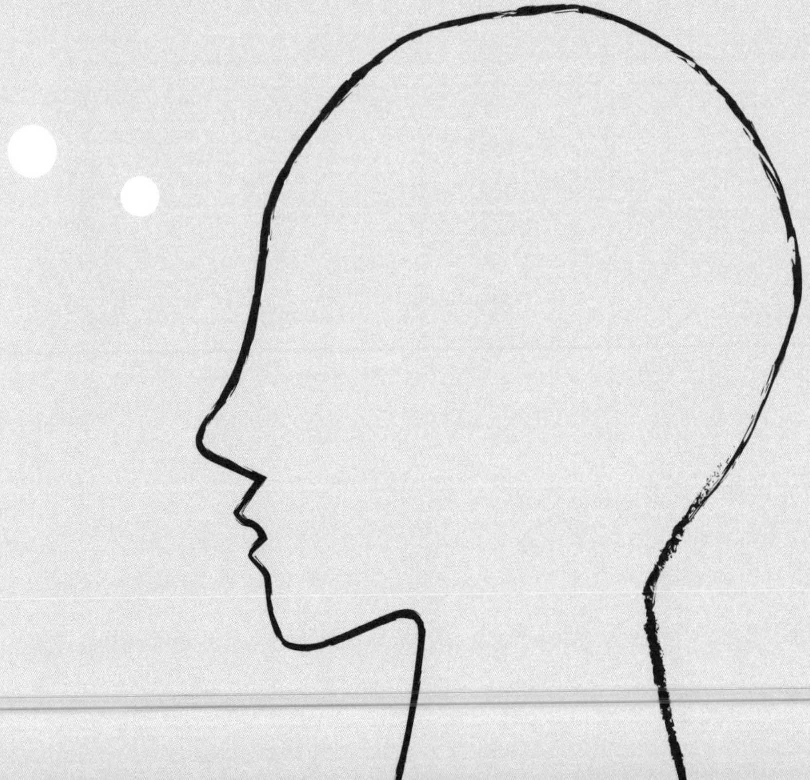

Chapter 6

你的夢想和抱負是你的救星

Visions and Ideals

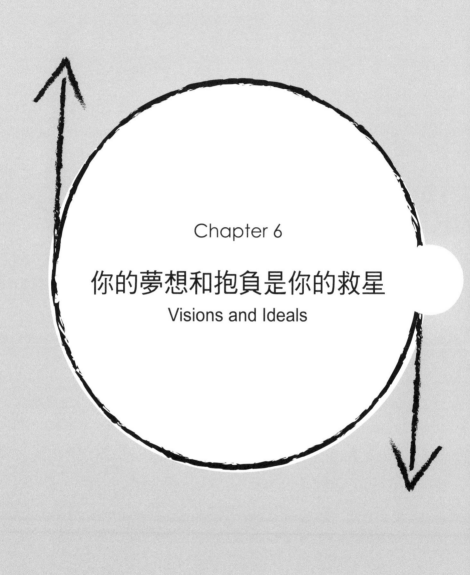

再偉大的成就，
在一開始都只是個夢想，
請懷抱理想並付出行動。

有夢想的人是這個世界的救星。

要知道，有形的世界是由無形的事物所支撐。

同樣地，當人們面對種種考驗與罪惡的時候，他們的靈魂也是藉著那些夢想家的**美麗願景**而得到滋養。

人們不能忘卻這些孤獨的夢想家，不能任由他們的夢想褪色、消逝，因為人活在這些夢想中。終有一天，人們會看到這些夢想**在現實世界中成形**，屆時他們便自然能夠明白了。

作曲家、雕刻家、畫家、詩人、預言家和哲人，都是創造未來的人，都是天堂的建造者。這個世界之所以綺麗多姿，是因為有了他們；沒有他們，勞苦的人類將枯萎、凋零而無法存活。

那些心懷美麗的願景、高尚理想的人，總有一天會將它實現。

哥倫布懷有尋找新世界的夢想，於是就發現了它；哥白尼認為宇宙比人們所想的更加浩瀚，並且還有別的星球存在，後來就證明了這一點；佛陀看見了一個美麗無瑕、平靜安詳的心靈世界，終於領悟到離苦得樂的道理。

珍惜你的願景，珍惜你的理想，珍惜你那內心迴盪的樂章、腦海中浮現的善美，以及你那純潔優雅的思維，因為你可以藉著它們創造出各種美好的情境。

只要你**不放棄**這些願景和理想，總有一天，一定可以建造出你心目中的世界。

如果想要，就可得著；若有願望，必可達成。

上天不可能充分滿足一個人的卑鄙慾望，卻讓他的純潔抱負無法實現。世上沒有這等道理，這樣的情況永遠不可能存在，誠如經書所言——「只要請求，必然得著。」

人要有崇高的夢想。

一個人有什麼樣的夢想，就會成為那樣的人。

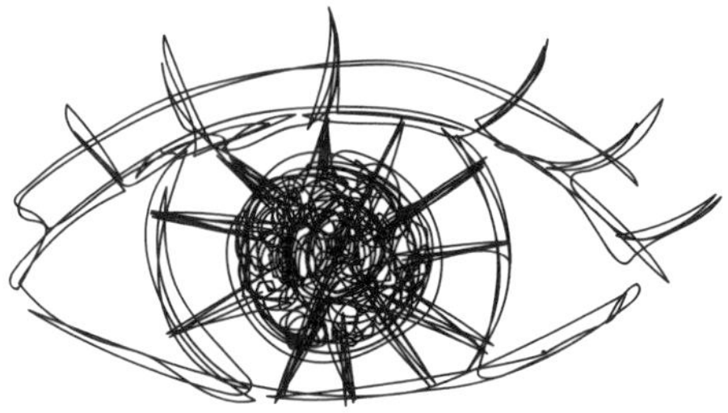

你的「願景」乃是你未來可能置身的情境，你的「理想」則**預示**著你最終將向世人展現的一切。世上最偉大的成就，在初始時都**只是一個夢想**。

橡樹在橡實中沉睡；鳥兒在蛋裡等著破殼而出；一個人最崇高的願景裡有一位天使正在甦醒。

夢想，是現實世界的芽苗。

你目前的境遇可能並不順心，但是如果你有一個「理想」，並且努力向它邁進，不久之後，情況必然會改觀。

不過，你不能光是滿懷夢想，卻沒有任何行動。

有一個少年過著窮困的生活，工作也很辛苦，他每天在一家有礙健康的小工廠裡長時間地勞動，既不曾受過教育，也缺乏良好的教養，但他夢想著更美好的生活，期望自己能變得聰明、優雅、風度翩翩。

他在腦海中構築出一幅理想生活的畫面，一心一意想讓自己變得更自由，並且有更多的歷練。於是他開始採取行動，利用自己有限的時間和微薄的積蓄，開發他潛在的能力和資源。很快地，他因為心態改變，再也無法待在那個小工廠裡了。然後，他就像脫下一件衣服般的離開了那個地方。

隨著他的能力愈來愈強，愈來愈多機會向他招手，最後，他便永遠脫離了他生命中的這個階段。

幾年後，我們看到了這位已經長大成人的青年，然後發現他已經成了一位心靈大師。

他的影響力遍佈於世界各地，幾乎無人能及。他的責任非常重大，他的話語足以改變人們的生命，有許多人在他的指引之下洗心革面。

他就像太陽一般，成為眾人仰望的焦點，無數人的命運都因為他而改觀。

這時的他已經實現了年少時的願景，憑藉著理想成了他想成為的那種人。

年輕的讀者們！你們心中的願景（不是那些空泛的白日夢）——無論卑下、美好或好壞兼之——**都會實現**，因為你們必然會朝著自己最喜好的事物前進。你們的心中有什麼樣的想法，就會有什麼樣的結果。你們所得到的都是你們所掙來的，不多也不少。

無論目前的環境如何，你都會隨著你的想法、願景和理想而向下沉淪、維持現狀或向上提升。

如果你胸無大志，成就便小；如果你抱負遠大，成就便大。

以下套用哲學家史丹頓・戴夫・克克罕（Stanton Dave Kirkham）的美麗辭句：

「你可能是個記帳員，現在，你就要走出那扇長久以來似乎阻礙了你的理想的門，你的耳朵上仍然夾著筆，你的指頭上仍沾有墨水的痕跡，但你將發現自己正站在一群觀眾面前，並且立刻就開始滔滔不絕地向他們訴說你的靈感。

「你或許是個鄉下人，正趕著一群羊，但走呀走地就走到了城裡，那兒的一切都令你瞠目結舌，但你將勇敢地走進一位大師的道場，過了一段時間後，他將會對你說：『我已經沒有什麼可以教你了。』於是，不久之前還一邊趕羊一邊夢想要成大功、立大業的你，便成了一位大師。

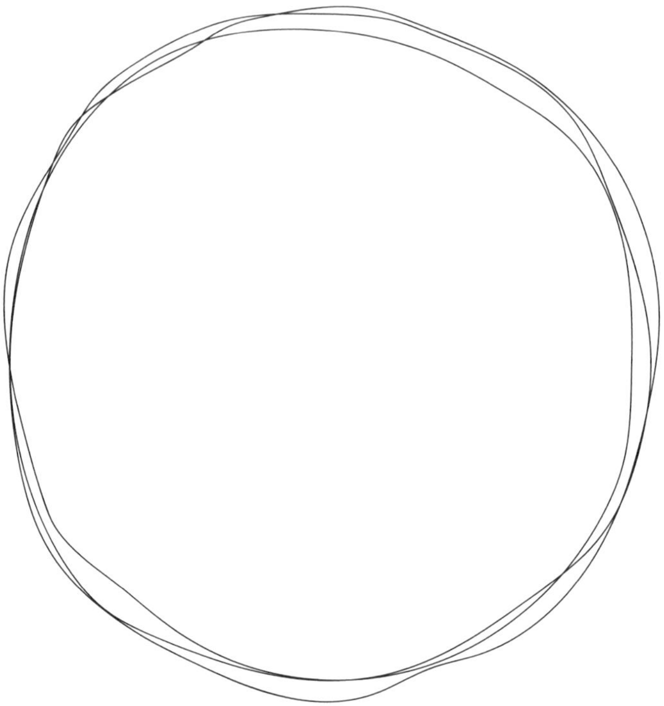

「你們應該放下手中的鋸子和鉋子，負起振興這個世界的責任。」

粗心、無知、懶惰的人只看到事情的表面，沒有看到事情的本質，因此每每把「運氣」、「際遇」、「僥倖」這類字眼掛在嘴邊。他們看到有人發了財，就會說：「他的運氣可真好呀！」看到有人長了智識，就會說：「老天爺可真眷顧他呀！」看到有人品格高尚、聲名遠播，則會說：「他一路都有貴人相助。」

他們並沒有看見，這些人為了增加歷練而遭遇的磨難與失敗，以及奮鬥的過程。

他們不知道這些人所做的犧牲、他們百折不撓的努力，以及他們那堅定無比的信念（相信自己可以克服無比的困難，實現心中的願景）。

他們沒有看到這些人曾經歷的黑暗與心痛的時刻，只看到他們光明喜悅的那一面，於是便稱之為「運氣」；他們沒有看到這些人曾經走過的漫長而艱辛的路程，只看到那令人欣喜的終點，於是便稱之為「僥倖」；他們沒有看到過程，只看到結果，於是便稱之為「機運」。

人類所做的事情都包括「努力」和「成果」這兩個部分。決定「成果」如何的，是「努力」的程度，而非「運氣」的好壞。才華、力量、財富、知識和靈性的修為，都是靠著努力得來的，是一個人落實自己的想法、達成自己的目標、實現自己的願景的結果。

你腦海中的寶貴願景和心中的無上理想，將是你構築自我生命的材料，
也將是你未來會成為的模樣。

更新你的思維，

扭轉悲傷、痛苦和挫敗……

有夢想的人是這個世界的救星。

有形的世界是由無形的事物所支撐。

珍惜你的願景、你的理想，珍惜你內心迴盪的樂章、腦海中浮現的善美，以及純潔優雅的思維，因為你可以藉著它們創造出各種美好的情境。

人要有崇高的夢想——一個人有什麼樣的夢想，就會成為那樣的人。

你的「願景」乃是你未來可能置身的情境，你的「理想」則預示著你最終將向世人展現的一切。

你腦海中的寶貴願景和心中的無上理想，將是你構築自我生命的材料，也將是你未來會成為的模樣。

夢想是現實世界的芽苗。

你不能光是滿懷夢想，卻沒有任何行動。

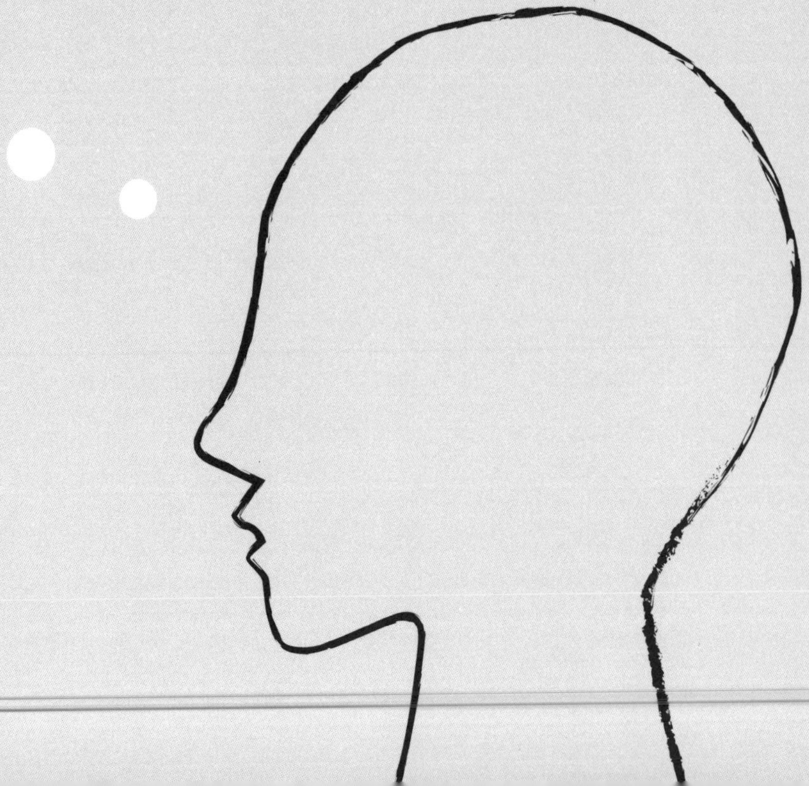

Chapter 7

修練平靜的力量

Serenity

管理、淨化自己的思維，
平定靈魂的風暴。

心靈的平靜，是智慧所帶來的瑰寶之一，是**以耐心長久努力自我克制**的結果。

一個人如果達到了心靈平靜的境界，顯示他已經有了圓熟的人生歷練，而且已經深刻體會到思維運作的法則。

一個人愈能體會到自己會隨著思維的改變而成長，心靈就愈能平靜。

這是因為當他體會到這一點之後，必然能夠了解別人之所以會成為現在的模樣，也是受到他們自己的思維影響所致。

當一個人有了這樣的認識，並逐漸看清事物之間的因果關係，就不會再煩惱、生氣、憂慮或悲傷了；相反地，他會處變不驚、態度堅定而平靜。

心靈平靜的人因為已經學會**自我管理**，所以知道如何**適應別人**，而別人也會因而敬重他的修為，信賴他、向他學習。

因此，一個人的心靈愈是平靜，成就愈大，影響力愈強，因而也愈有能力行善。

即便一般的市井商人也會發現，當自己變得更有自制力、更能處變不驚的時候，生意也會變得更好。這是因為：人們總是比較喜歡和性情穩定平和的人打交道。

一個冷靜而堅定的人必然會受到人們的愛戴與尊崇，就像是沙漠裡一棵可以讓人乘涼的樹，也像是暴風雨中一塊可以讓人遮風避雨的岩石。

誰不喜歡一個心情平靜、個性溫和、身心平衡的人呢？這樣的人無論天晴或下雨，無論面臨什麼變化，總是顯得和藹、安詳、平靜。

這種特質乃是**修養的最高境界**，是生命開出的花朵、靈魂結出的果實，如同智慧一般可貴，比黃金更有價值。

相較於這種安詳平靜的生活——置身於真理的海洋中，不受海面上的浪濤和風雨的侵襲、活在「永恆的平靜」中，純粹追逐金錢財富的生活是多麼沒有意義呀！

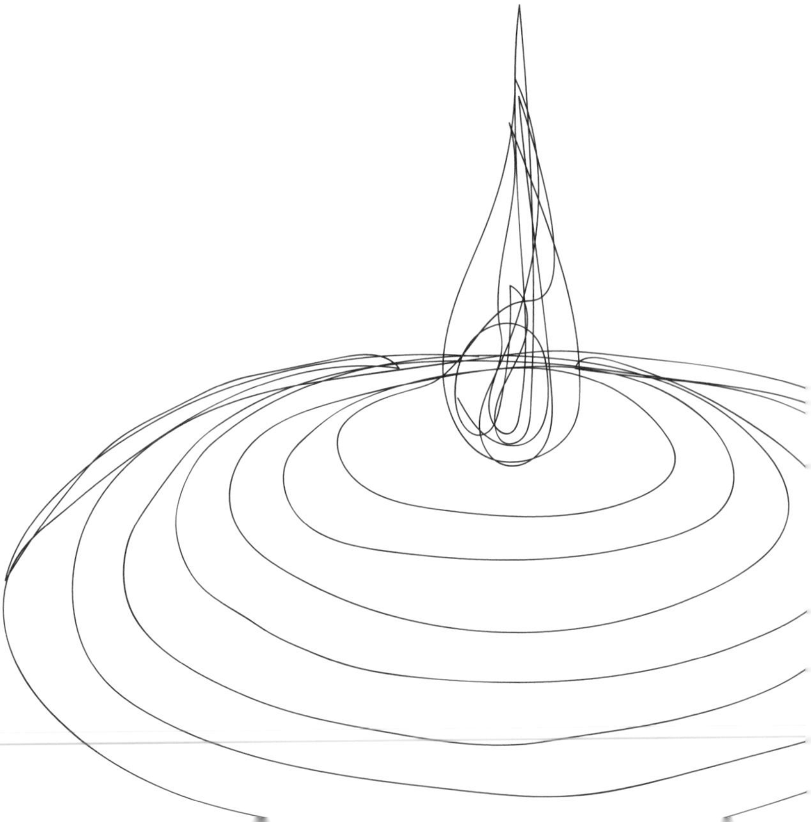

「在我們所認識的人當中，因為脾氣暴躁而破壞了所有美好的事物、讓自己過得不平靜、不快樂，並且和人結怨的人何其多！

「我們不禁要懷疑，是否大多數人都很容易因為無法自制而毀掉自己的生活、破壞自己的幸福。我們在日常生活所遇見的人當中，性格成熟、身心平衡、鎮定從容的，真是少之又少！」

是的，沒錯，人們往往很容易莽撞衝動、悲傷過度，抑或是因焦慮與懷疑而惴惴不安。唯有那些能夠管理並淨化自己的思維的智者，才能夠平定靈魂的風暴。

在暴風雨中顛簸浮沉的靈魂呀！無論你身在何處、處於何種境況，請你明白：

在生命的海洋中，幸福的島嶼正在對你微笑，你的理想就像晴朗的海岸一般等待著你的到來。你要把手堅定地放在思維的舵上——負責指揮你靈魂小船的船長已經睡著了，你得將他喚醒。如果你有自制的能力、正確的思維和平靜的心靈，你將會擁有無比強大的力量。

請對你的心靈說：「平靜，請留駐！」

更新你的思維，
扭轉悲傷、痛苦和挫敗……

一個人愈能體會到自己會隨著思維的改變而成長，他的心靈就愈能平靜。

一個人的心靈愈是平靜，成就愈大、影響力愈強，也愈有能力行善。

人們總是比較喜歡和性情穩定平和的人打交道。

請對你的心靈說：「平靜，請留駐！」

｜附錄｜

關於詹姆斯・艾倫

詹姆斯．艾倫是一位哲學思想家，一八六四年十一月二十八日出生於英國萊斯特（Leicester），他的名著《你的思想決定業力》，自一九〇三年出版以來，鼓舞啟發了數千萬人，成為歷久不衰的暢銷書籍。

艾倫出生於一個工人階級家庭，他的父親威廉是一名織品工廠編織者。一八七九年，英格蘭中部紡織品貿易衰退，威廉獨自前往美國去尋找工作機會，並計畫在那裡為家人建立一個新家園，豈料在抵美後的兩天內，死於紐約市醫院，據信是一起搶劫謀殺案。由於這起悲劇事件，迫使艾倫在十五歲時就不得不輟學幫助家計。艾倫曾在多家英國製造公司擔任私人祕書和文具商。一八九三年，艾倫先搬到了倫敦，然後搬到南威爾斯，以新聞報導為生。在南威爾斯，他遇到了一生的摯愛——莉莉・露易莎・奧拉姆（Lily Louisa Oram），並於一八九五年與其結婚。

一八九八年，艾倫進入創作時期，一九〇一年出版了第一本書《從困頓到力量》。一九〇二年，艾倫開始出版自己的精神雜誌《理智之光》，在他去世後，他妻子將雜誌改名為「大紀元」，繼續出刊。

一九〇三年，詹姆斯．艾倫出版了他最廣為人所知的著作《你的思想決定業力》（這是他的第三本書），並遷居到英格蘭西南海岸的伊爾弗勒科姆鎮（Ilfracombe）。這個度假小鎮有著連綿起伏的丘陵和蜿蜒的小巷，提供了哲學研究所需的安靜氛圍，他喜歡莎士比亞、約翰．彌爾頓、拉爾夫．沃爾多．愛默生、《聖經》、佛陀、華特．惠特曼和老子等人的作品，因此也常常於自己的作品當中引用。

在這裡，艾倫過著如同他的心靈導師托爾斯泰所描述的清貧、勞動且自律的理想生活。每天早上，他都很早就起床，接著去攀登凱恩（Cairn），邊在懸岸邊俯瞰大海，邊反思和冥想。大約一小時過後，他會回家寫作，將他洞察到的法則或祕密記錄下來，一直到中午。在下午，他喜歡園藝和玩槌球。至於夜晚，若有鎮民想與他討論哲學議題，他會欣然與他們交流。

就這樣，艾倫持續每年出版一本以上的書籍，靠著微薄的版稅度過了十年沉思的生活，直到他一九一二年突然去世，總共出版了十九部作品。

就和他恬靜的生活方式一樣，他離開人世時也是那麼靜悄悄、沒沒無聞的。艾倫的兄弟湯馬斯（Thomas）把他火化後的骨灰撒在墓地時說：「詹姆斯·艾倫的這些灰燼會被投到天堂的四風之中，他所教導的真理也將滲透到地球的四個角落，帶著歡欒、和平與安慰。」一直到後來，文壇才肯定他的作品既富創造力，又鼓舞人心，而慢慢為人所知。

本書有趣的「小道消息」

● 美國放克樂團「放克瘋」（Funkadelic）一九七四年的專輯《Standing On the Verge of Getting It On》的〈Good Thoughts, Bad Thoughts〉歌詞，大致是以《你的思想決定業力》一書為基礎靈感。

● 一九八三電影《鬥魚》（Rumble Fish）中有一幕，米基．洛克（Mickey Rourke）飾演的摩托車男孩（The Motorcycle Boy）在廚房看《你的思想決定業力》（不知哪個版本的三十六、三十七頁）。

● 美國搖滾樂團「瑪麗．蓮曼森」（Marilyn Manson）二〇一五年專輯《The Pale Emperor》中的〈Slave Only Dreams To Be King〉引用《你的思想決定業力》內容：「人的意志是看不見的力量，是不死靈魂的產物，縱遭岩壁阻擋，仍能鑿出一條通往目標的路。」但把「The Human Will」改成了「The Human Wheel」。

● 嘻哈饒舌歌手古馳．馬恩（Gucci Mane）在ESPN節目「Highly Questionable」裡說《你的思想決定業力》是他戒毒時支持他的靈感來源。